Impressum:

Alle Personen und Handlungen des Buches sind frei erfunden.
Ähnlichkeiten mit lebenden oder verstorbenen Personen sind
zufällig und nicht beabsichtigt.

Besuchen Sie uns im Internet:
www.papierfresserchen.de

Herausgegeben von Martina Meier – www.cat-creativ.at

in Auftrag von
© 2023 – Papierfresserchens MTM-Verlag
Mühlstraße 10, 88085 Langenargen

info@papierfresserchen.de
Alle Rechte vorbehalten.
Erstauflage 2023

Das Werk einschließlich aller seiner Teile ist urheberrechtlich geschützt.

Bearbeitung: CAT Creativ – www.cat-creativ.at

Titelbild, S. 23 + S. 42: © Marcus Retkowietz
Bilder und Illustrationen: S. 7 © Ingo Menhard; S. 16 © auvikom; S. 31
© pixs sell; S. 40 © honorich; S. 43 oben © sailer; S. 43 unten © 369 grad-
design; S. 47 © ArtVader - alle Adobe Stock lizenziert;
alle anderen Fotos: privat

Quellenangaben: Wikipedia Krefeld u.a.

Druck: Bookpress, Polen

ISBN: 978-3-99051-171-8 - Taschenbuch
ISBN: 978-3-99051-172-5- E-Book

Krefeld

Ein kleiner Spaziergang durch 650 Jahre Stadtgeschichte

Martina Meier (Hrsg.)

Inhalt

Vorwort

Wenn eine Region, eine Stadt Jubiläum feiert, dann ist das immer ein Moment, einmal kurz innezuhalten und sich zu erinnern. Dies möchten wir mit diesem Buch tun. Manchmal sehr persönlich, in anderen Texten historisch animiert.

Krefeld, das bis 1925 noch *Crefeld* geschrieben wurde, wurde urkundlich das erste Mal 1105 erwähnt. Stadtrechte erhielt es 1373 – also vor ziemlich genau 650 Jahren. Die Burg Crakau,

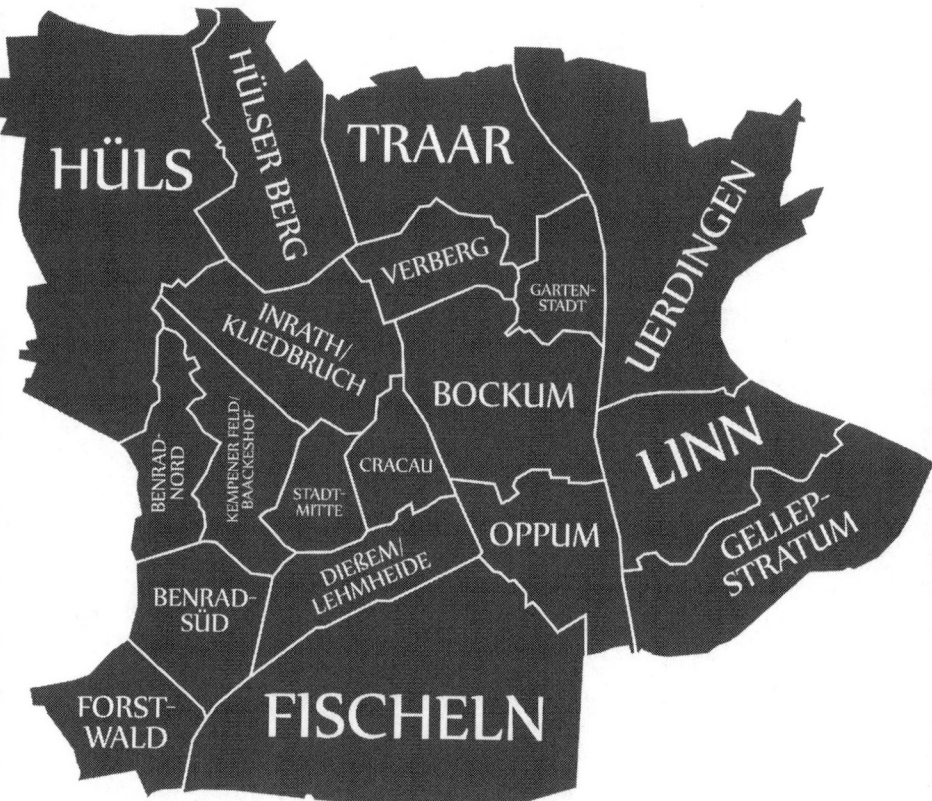

von der heute noch Mauerreste vorhanden sind, wurde erbaut, nach der Reformation siedelten sich im 16. und 17. Jahrhundert Glaubensflüchtlinge in der Stadt an und ließen die Bevölkerungszahlen steigen. Kriege wurden ausgetragen, durch die *Schlacht von Krefeld* im Siebenjährigen Krieg, ging die Stadt sogar in die Kriegsgeschichte des 18. Jahrhunderts ein. 2800 Menschen starben in den Wirren, noch heute erinnert ein Denkmal an die Gefallenen der *Schlacht an der Hückelsmay*.

Der Name *von der Leyen* ist unverrückbar mit der Stadt Krefeld verbunden. Im 18. Jahrhundert führte die Seidenweberfamilie die Textilindustrie Krefelds zu Weltruhm. Der Ehemann der Präsidentin der Europäischen Kommission Ursula von der Leyen, Heiko von der Leyen, ist ein Nachfahre dieser Textildynastie.

Auch andere, große Namen sind mit der Stadt Krefeld verbunden, selbst einen Kreuzritter, Otto von der Linn, kann die Stadt zu ihren Berühmtheiten zählen. Josef Diebels, Begründer der gleichnamigen Brauerei, stammte aus Krefeld. König Wilhlem der I bestand darauf, dass ein Denkmal, das ihm zu Ehren errichtet werden sollte, der Stadt den Rücken zukehren solle. Hintergrund: Bei einem Besuch des Königs in der Stadt hatten viele Krefelder ihm die Ehrbezeugung verweigert und waren zu Hause geblieben.

Maler und Bildhauer wie Heinrich Kamps, Hans Kruzwicki, Jupp Strater oder Nikolaus Karl Walther Kiese, Schriftsteller wie Victor Otto Stomps und Eckard Sinzig, Rudolf Hirsch oder Ulrich Klever erblickten das Licht der Welt am Niederrhein. Auch TV- und Musikgrößen wie Andrea Berg und Ingo Lenßen, Politiker wie Norbert Peter Walter-Borjans und zahlreiche Sportgrößen haben ihre Wurzeln in der Stadt.

Krefeld heute ist eine Stadt mit Stärken und Schwächen wie jede andere Stadt auch. Wer Uerdingen hört, denkt zum Beipiel nicht gleich an Krefeld, sondern wohl gleich eher an Fußball. Zumindest dann, wenn er zu den etwas älteren Leserinnen und Lesern gehört. Johannes Floehr erinnert sich in seinem Text an seine Zeit als Fußballfan – zusammen mit seinem Großvater besuchte er als Kind oft das Stadion des KFC. Besonders schön fasst auch Ulrich Pudelko in seinem Beitrag *Eine Hommage an die Heimatstadt Krefeld an Niederrhein* zusammen, was Krefeld heute ausmacht – und er beleuchtet dabei nicht nur die guten Seiten der Stadt, sondern zeigt auf, dass aus jede Stadt auch Negatives berichtet werden kann. Und er muss es wissen, denn er ist seit vielen Jahren für die VHS und das Stadtmarketing in Krefeld als Stadtführer unterwegs, macht Führungen zu Fuß, mit dem Bus und mit dem Fahrrad.

650 Jahre sind eine lange Zeit. Was wir in den nächsten 650 Jahren erleben werden, das weiß niemand. Auch nicht, was nachfolgende Generationen über die Stadt Krefeld schreiben werden. Vielleicht mag diese kleine Büchlein dazu beitragen, manch Persönliches zu konservieren. Uns würde es freuen.

Martina Meier MA
Herausgeberin

Das kleine Wunder von Krefeld

Krefeld kannte ich bloß aus deinen Erzählungen. In der sogenannten Kulturfabrik hattest du an einer Reihe von Poetry Slams teilgenommen, warst jeweils am Vortag eigens zu diesem Zwecke angereist, ziemlich exakt 500 Kilometer. Die Nachbetrachtung deiner bei den Wettbewerben in der Kulturfabrik errungenen, gar nicht selten vorkommenden Siege, machte Krefeld für dich zu einer beachtlichen, ganz und gar einzigartigen Stadt.

Für ein Ereignis, das alles bisher in meinem Leben Geschehene übertreffen sollte, habe ich folglich jene untrennbar mit deinem Herzen verwachsene Metropole am Niederrhein ausgesucht. Den Trip an den mir praktisch unbekannten Ort, ins von dir mehr als jede andere Stadt gepriesene Krefeld, hatte ich mit längerem Vorlauf geplant und dir dann spontan mit den Sätzen serviert: „Pack deine Koffer, wir fahren los. Zeig mir die grüne Seite von Krefeld, führe mich bitte in einen mir völlig anonymen, dir wahrscheinlich höchstvertrauten Außenbezirk."
Dein Zeigefinger wanderte im Reiseführer auf den Stadtwald, um letztlich auf einer Illustration des Deuß-Tempels liegen zu bleiben.

In der Euphorie, die bei dir solche unverhofften Ausflüge heraufbeschwören, nahmst du zu viel Gepäck mit, wie ich mit etwas Übertreibung behaupten kann, unseren halben Hausstand. Ihn verstautest du im Kofferraum, aber auch auf der Rückbank stapeltest du unser Inventar bis hin zur Dachkante. So überladen lenkte ich unseren Mercedes mit Oldtimer-Status aus der Hofeinfahrt.

Neben herbstlich kupfernen Bäumen haben wir uns jetzt unmittelbar nach unserer Ankunft eingefunden. Rostbraune Kronen über angefeuchteten Stämmen bilden das Dach des Stadtwalds, eines 120 Hektar umfassenden Parks, eines Landschaftsgartens, eines Gebiets für Erholungsbedürftige. In überwiegender Mehrheit sind es Laubbäume, die in unseren Rücken gegen eine aufziehende Brise schanzen. Uns umweht ein vorgefilterter und somit kaum spürbarer Wind, uns umweht auch die Geschichte des 1901 entstandenen Deuß-Tempels. In Gedanken verloren blicken wir von dessen halbrunder Plattform aus über den flächigen Weiher. Umrisse von Büschen und Bäumen, von Sträuchern und dem Geländer, das den Deuß-Tempel umläuft, spiegelt das Wasser, es verdoppelt jene Impressionen.

Das Gewässer ist keineswegs aufgerührt, gegenteilig demonstriert es uns Angereisten seine Friedlichkeit. Meine Augen weiden sich an der von keiner Woge gekämmten, von jeglicher Welle verschonten Oberfläche. Wolken überhängen den Himmel, ihre milchigen Verbände kontrastieren die rostbraune Baumlandschaft. Sie liegt hinter uns, reicht bis zum Ufer. Einstweilen kräuseln die Paddel eines Ruderbootes das Wasser.

Plötzlich kommen mir die Säulen des Deuß-Tempels, die uns umzingeln, so opulent vor, dass ich mir die Sätze versage, die ich mir deinetwegen zurechtgelegt habe. Wäre der stille Moment eigentlich wie nichts in der Welt dafür gemacht, mit dir zu sprechen? Obwohl er sich anböte und förmlich aufdrängt und mir entgegenschreit, ich sollte anfangen zu reden, schweige ich.

Du nimmst deine Kamera aus dem Täschchen um deinen Hals, machst Schnappschüsse, fertigst Fotos für ein Album mit bemerkenswerter Hingabe. Was du durch deine Linse erlebst, wird Bild werden. Du bist von jeher veranlagt, alles, was dir gerade direkt erfahrbar werden könnte, lieber in Aufnahmen festzuhalten. Die Gegenwart zu verewigen, ist deine Leidenschaft. Du bevorzugst, diese Erlebnisse einzufangen für kommende Generationen. Glaube ich jedenfalls.

Verlegen, wie mich meine vorübergehende Sprachlosigkeit macht, werfe ich einige Kiesel auf den Stadtwald-Weiher. Die kleinen Steine ziehen immer weitere Kreise, die allmählich der Mitte des Weihers entgegenstreben, ehe ihre Wirkkraft ermattet. Wenn dieses Beben kein Sinnbild ist, wenn jene Kreise dir nicht verdeutlichen, welche Kreise deine Anwesenheit in mir zieht … Bin ich keck genug, endlich vor dir auszusprechen, was mir auf der Zunge liegt und in mir brennt?

Immerfort schaust du in deine Kamera, erkennst durch deren Linse den Aufruhr, den ich durch mein erneutes Steinewerfen in einem bestimmten Winkel herbeiführe. Ich provoziere Wirkung, indem ich die zwischenzeitlich so klaren Konturen einen Augenblick lang verschwimmen lasse. Ist das nicht fabelhaft, wenigstens in irgendeiner nebensächlichen Angelegenheit maßgeblich zu sein, und sei es lediglich, das Wasser zu kräuseln?

Kämen Passanten vorbei, so könnten sie meinen, ich sei angewurzelt. Ein Knie gegen die Brüstung gelehnt, stehe ich, wanke manchmal, balanciere meinen Stand aus, während ich durch Sämtliches, was mir die Natur soeben anbietet, scheinbar gleichgültig hindurchsehe. In meiner augenblicklichen Teilnahmslosigkeit kommen mir die laut deinen Einschätzungen gerade noch erträglichen Temperaturen richtiggehend warm vor. Deine Blicke halten mir vor, dass ich davon absehe, meine Jacke anzuziehen, sie so lasch und unnütz auf meinem Unterarm hängen habe. Die Kamera mir derweil in die Hand gedrückt, erprobst du, ob die über ein Jahrhundert bewährten Säulen des im neuklassischen Stil für den Seidenbaron Wilhelm Deuß erbauten Tempels auch deinem Gewicht standhalten. Lauschst du dem Muschelkalk der Säulen? Sag mir, was sie flüstern. Mittlerweile gehe ich davon aus, diese Pfeiler seien Sprachrohre, sie murmeln dir gewiss meine überfälligen Worte. Ich Hasenfuß, so sorgfältig ich sie auch vorbereitet habe, bringe sie nämlich nicht zustande. Transparente mit Werbung, Tags oder anderweitige Schmieragen suche ich an den Säulen des Deuß-Tempels vergebens. Es ist mir ein wahres Vergnügen, sie jungfräulich von Graffitis oder Ankündigungsplakaten zu wissen, welche an Litfaßsäulen Standard sind. Sonnenstrahlen durchbrechen in Korridoren die Wolkendecke, auch darüber freue ich mich wie ein kleiner Junge, dass sie das Gewölk stellenweise bersten.

Eva, meine unermüdliche Archivarin, du wappnest uns mit deinen unentwegten Fotografien für eine Zukunft, in der die jetzige Gegenwart allein deshalb nicht verblassen wird, da du sie so eifrig konservierst. Die Zukunft sei ein Dieb, sie raube einem die gegenwärtig so unverbrüchlich erscheinenden Eindrücke, davon lässt du dich nicht abbringen. Damit das nicht geschehe, hältst du fest: jede von uns besuchte Sehenswürdigkeit, alle Denkmäler, wie sie daherkommen. Ich ahne voraus, wie du, wieder zurück zu Hause, das Bildmaterial mit Datum kennzeichnest, mit Bemerkungen versiehst, von denen du jede als notwendig erachtest, sie sogar unverzichtbar nennst. Darf ich unseren verlängerten Wochenendausflug veredeln, soll ich dir nun endlich mitteilen, was ich dir zu sagen habe?

Im Hinterhalt jagen Hunde nacheinander, sie kläffen, knurren und bellen, werden von ihren Herrchen gerufen, ermahnt, markieren Bäume, die sie von nun an zu ihrem Revier erklären. Der Biss in die Jeans eines Mädchens durch irgendeinen Rüden erst beutelt mich so arg, dass in meinen Körper Hormone einschießen, die mich befähigen, dir meine einbehaltene Botschaft zu überbringen.

Der Deuß-Tempel ist ein wandloses Zimmer, Worte können nicht verfangen, sie werden hinausgetragen. Mir imponiert die Vorstellung, alles, was ich sagen werde, ströme in die Atmosphäre. Ein wenig zittere ich zwar, als ich mit meinen Händen deine linke umschließe wie die Schale eine innen liegende, verwundbare Nuss, doch ich nehme mich zusammen, drehe dich, sodass wir auf das heruntergesegelte Laub schauen. Auf das Labyrinth aus bunten Farben, dem Aquarell aus Gelb, Orange und dem allseits vorherrschenden Braun. Wir entdecken regenbogenschillernde Inseln, Ölteppiche, die in Pfützen treiben, Zweige, die auf den Miniaturausgaben des großen Weihers tanzen.

Ich schnappe nach Luft, ringe um treffende Worte und sage schließlich: „Was hältst du davon, wenn wir den Trip nach Krefeld als unsere Hochzeitsreise betrachten?"
Du wühlst in deiner Hosentasche, holst zögerlich etwas aus ihr heraus, siehst unterdessen, für die Bruchteile einer Sekunde, einer von mir empfundenen Ewigkeit in meine Augen. Du zeigst mir das flache Ding, einen länglichen Gegenstand mit zwei roten Strichen.
„Ein Schwangerschaftstest?"
Du nickst.

Du weinst Sturzbäche, die aus Rührung gemacht auf deinen Wangen zu Rinnsalen werden, bevor sie so unaufhaltsam wie unwiederbringlich zu Boden strömen, und du mich nach Kräften umarmst, mit der Stärke, die lediglich eine Mutter haben kann, eine werdende Mama, die noch ihren positiven Schwangerschaftstest mit ihren Fingern umkrampft, als läge darin bereits der Moment im Kreißsaal, der Augenblick der Geburt, in dem alle Strapazen überstanden, die Hebamme im Dienst schon die schwitzende Hand dir reicht und mehr heiser krächzt, als mit gemessener Stimme sagt: „Frau Frank, Gratulation, Ihr Sohn ist da."

Deine Tränen noch nicht getrocknet, lächelst du, befreit durch dein Geständnis. Noch immer auf der Plattform des Deuß-Tempels, berichtest du mir, und dabei hast du schon wieder die

Kamera vor deinem Gesicht, du hättest bereits einen Namen. Sofern es ein Junge werden wird, soll er Wilhelm heißen, wie dieser Seidenfabrikant Deuß, dem der namensgleiche Tempel gewidmet wurde.

Zu deiner Überraschung bekenne ich: „Denselben Gedanken habe auch ich gehabt."

Oliver Fahn, *geboren 1980, Pfaffenhofen a. d. Ilm, verfasst regelmäßig Kurzgeschichten für Kulturzeitschriften und Anthologien.*

Polina Jäger, *geboren 1974, hat in ihrer Heimatstadt Sofia einen Gedichtband beim Verlag „Neue Welt" veröffentlicht.*

Stadtwald und Deuß-Tempel

Der Deuß-Tempel im Stadtwald Krefeld erinnert an den Seidenbaron Wilhlem Deuß, der am 3. Juli 1827 in Krefeld geboren und am 22. Dezember 1911 auch dort starb. Der Textilfabrikant, der es in seinem Leben zu einem ansehnlichen Vermögen brachte, stiftete der Stadt Krefeld anlässlich seines 70. Geburtstags 1987 den Stadtwald Krefeld, der im Ortsteil Bockum gelegen ist.

Zusätzlich zu den damals ursprünglich 35 Hektar Land gab er noch 20.000 Mark zum Ausbau des Gebiets dazu und legte Jahre später noch einmal eine nicht unerhebliche Summe oben drauf, damit der Stadtwald erweitert werden konnte. Aus Dankbarkeit dem edlen Spender gegenüber steht noch heute der so genannte *Deuß-Tempel* am Stadtwaldweiher. Eine Plakette erinnert an Wilhelm Deuß.

Der Krefelder Stadtwald ist noch heute auf seinen rund 120 Hektar ein Naherholungsgebiet für alle Krefelder. Mit Fußballplatz und allerlei Spielmöglichkeiten, dem Stadtwaldsee, einer Golfanlage, Hockeplätzen, einer Grasrennbahn und einem der größten Biergärten außerhalb Bayerns lädt der Stadtwald zu allerlei Freizeitaktivitäten ein.

Der Park wurde 2004/2205 als herausragender *Park in die Straße der Gartenkunst zwischen Rhein und Maas* aufgenommen, einer länderübergreifenden Touristikstraße im nördlichen Rheinland und dem niederländischen Limburg.

Ein Stadtbad mit Barbier

Als ich jung war, Schüler, 13 Jahr',
da ging ich in Krefeld
in der Lindenstraße
auf das Fichte.
Zu dieser Zeit
schrieb ich schon erste Gedichte.

Donnerstags morgens,
immer ein großer Spaß,
Badetag im Stadtbad
an der Neusser Straß'.
Wir liefen in Gruppen
mit dem Lehrer dorthin.

Wer keine Badekappe hatte für seine Matte,
bekam eine von Barbier Stephan,
der seinen Friseursalon nebenan hatte.
Hier ließen sich Punker, Musiker, Künstler
und weltoffene Menschen ihre Haare trimmen.
Wir dagegen gingen nebenan zum Schulschwimmen.

Man betrat mit Ehrfurcht die großen Hallen
aus wilhelminischer Zeit,
alles noch fein gefliest
und mit blau-weißem Mosaik geweiht.

Balustrade oben im ersten Stock.
Hier lernten wir Brust oder Kraul,
manchmal mit chlorigem Schock.

Vor über hundert Jahr'n, lang vür minne Tiet,
da verkehrten hier die Wohlhabenden,
die Bürger und die Herrenloge *Schlaraffia,*
nicht zu verwechseln mit der Mafia.
Sie saunierten und kurierten sich aus,
sogar ein Dampfbad gabs im Haus.

Das Wasser war nie sehr warm,
die Duschen alt,
Kabinen klein, aber der Gedanke:
„Hier schwammen schon Kinder
vor deiner Zeit",
zerstreute die Kälte so weit.

Eines Tages, da war ich schon Student,
hörte ich läuten,
das Stadtbad sei geschlossen,
das hätte der Rat so beschlossen.
Seitdem es leer steht,
viele Diskussionen sich hierum gedreht.

Erst sollte es Disco werden.
Später die Idee von Brauhaus bewerben.
Dann wieder ein Spaßbad mit Gastronomie.
Fragte man sich aber immer nur: Wie?
Zuletzt Einkaufszentrum
oder orientalischer Basar.

Heute kann sich kaum noch jemand daran erinnern,
an dieses Kleinod, ein Krieewelsch Juwel,
und auch der Barbier Stephan ist
zuletzt in Rente gegangen.
Davon zeugen heut' nur noch Schaufenster,
mit Pappmaschee zugehangen.

Thomas Krieg, geboren 1971 in Mainz, lebt in Erkelenz. Studium der Naturwissenschaften (Biologie, Physik, Exp. Psychologie) in Heidelberg und Düsseldorf. Tätigkeit als Berufsberater. Beschäftigung mit Malerei und Grafik seit 1985, mit Lyrik seit 2000. Zahlreiche Veröffentlichungen in Lyrikanthologien. Betreiber des Lyrikblogs www.neuelyrikbrauchtdasland.de sowie des gleichnamigen Youtube-Kanals. Mitglied der Literaturvereinigung Die Gruppe 48 e.V.

Krefelder Nordbezirk

Im Krefelder Nordbezirk bin ich groß geworden. Es war Anfang 1940 und Krefeld war noch nicht zerstört. Einmal in der Woche holte mich meine Großmutter zu einem Stadtspaziergang.

Wenn wir über den Friedrichsplatz an der Germania vorbeigingen, konnte ich nicht schnell genug in die Stadtmitte kommen. Auf der Straße dorthin roch es prima und aus den Fenstern klang schöne Radiomusik. Heute würde man sagen, die Straße hatte Seele und Flair.

Unsere erste Station war die Markthalle mit all ihren interessanten Ständen und einem herrlichen Geruch nach Blumen, Obst, Gemüse, Käse und Schinken. Direkt rechts hinter dem Eingang befand sich das Restaurant *Morro*. Heute würde man es Schnellrestaurant nennen. Es gab preiswerte Gerichte, welche stehend an hohen Tischen verzehrt werden konnten. Auf halber Höhe des Tisches war ein Brett für das Essen der Kinder.

Was mich damals beeindruckte, denn ich konnte schon lesen, war, dass das gesamte Geschirr und Besteck mit der Aufschrift *Gestohlen bei Morro Markthalle* gezeichnet war. Damals habe ich zum ersten Mal erfahren, was stehlen bedeutete. Über 20 Jahre später fand ich in der Besteckschublade meiner Großmutter einen Löffel von *Morro*. Wenn wir nicht bei *Morro* einkehrten, besuchten wir das *Tivolihaus*. Das Käsebrot dort war ein Traum.

Heiner Greyn *lebt noch heute in Krefeld.*

Eine Wasserburg

und ein Kreuzritter

Vergangenheit und Gegenwart in einem Bild. Während sich im Vordergrund die Burg Linn zeigt, ist am oberen Bildrand ein Teil des modernen Krefelds zu sehen.

Die Burg Linn geht auf einen alten Wohn- und Wehrturm zurück, der im 12. Jahrhundert von den Herren Otto und Gerlachus von Lynn zurück erbaut wurde. Otto von Linn verkaufte das Gemäuer schließlich an den Kölner Erzbischof, behielt die Burg aber als Lehen. Otto von Linn, oder auch Lynn geschrieben, ist jener Mann, der als Kreuzritter in die Krefelder Geschichtsbücher Einzug hielt. Er nahm am dritten Kreuzzug teil, der 1189 unter der Führung von Friedrich Barbarossa begann. Vor dem Erreichen des Heiligen Landes verstarb der Kaiser jedoch und wurde weiters von Philipp II. von Frankreich und Richard Löwenherz von England angeführt. Die heilige Stadt Jerusalem erreciht die Kreuzritter jedoch nicht und so endete der Kreuzzug 1192 mit einem Friedensvertrag.

Nach der Rückkehr legte Otto von Linn den Grundstein für die Burg als Festungsanlage. 1989 fand man bei archäologischen Grabungen die Gräber der Familie Linn und die Grundmauern der der *Alde Kerk*.

Die alte Wasserburg ist heute eines der Wahrzeichen der Stadt Krefeld. Sie liegt im Stadtteil Linn, etwa fünf Kilometer vom Stadtkern entfernt. Sie ist beliebtes Ausflugsziel, aber auch Museum und Veranstaltungsort für Lesungen, Konzerte oder historische Spektakel.

Fußball ist schon toll

Wie jede vernünftige Liebesgeschichte beginnt auch diese mit einer Enttäuschung. Bei meinem allerersten Stadionbesuch im Dezember 2001 verliert der KFC Uerdingen das Elfmeterschießen gegen den 1. FC Köln und fliegt aus dem DFB-Pokal. Uerdingen, das muss man vielleicht erklären, ist ein Stadtteil von Krefeld, was in den Achtzigern, zu den erfolgreichen Zeiten des Vereins, bundesweit noch mehr Leute wussten als heute, wo Uerdingen aufgrund der *ingen*-Endung eher tief im Süden des Landes vermutet wird als am Niederrhein.

Im Jahr 1985 gewann Uerdingen mit einem 2:1 im Finale sensationell gegen Bayern München den DFB-Pokal, im Jahr darauf bestritt der Verein das laut *11Freunde Beste Fußballspiel aller Zeiten* im Europapokal gegen Dynamo Dresden (7:3), bei dem viele Zuschauer das Stadion vorzeitig verließen und das Wunder fast verpassten.

Lange war man Dauergast im deutschen Profifußball, aber 2001, als mich mein Großvater mit auf die Nordtribüne des Grotenburg-Stadions nahm, spielte man bloß in der dritten Liga und so sah es dann auch aus. Der Rasen nicht viel besser in Schuss als der Bolzplatz, auf dem ich mir nach der Schule regelmäßig die Knie wund grätschte. Vier stolze Flutlichtmasten in jeder Ecke, aber mehr als die Hälfte der Lichtquellen defekt. Ich weiß nicht mehr, ob es regnete, aber wahrscheinlich schon.

„Möchtest du was trinken?", fragte mich mein Großvater.
„Ja, eine Cola, bitte."

Und dann hat Uerdingen, wie gesagt, knapp und unglücklich verloren. Aber die Fangesänge, die Schnelligkeit, die herrliche Ungerechtigkeit dieses Sports und vielleicht auch der Zucker wirbelten mich völlig durcheinander. Ich konnte das Gefühl damals noch nicht so benennen, aber vermutlich hatte ich mich da das erste Mal in meinem Leben verliebt – und das in einen Fußballverein, na toll.

„Schade, dass sie verloren haben", sagte mein Großvater, „vielleicht beim nächsten Mal."

In den kommenden Wochen gingen wir häufiger zusammen ins Stadion. Er holte mich zu Hause ab, zahlte die 20 Mark Eintritt für sich und mich und dann sagte ich meistens irgendwann: „Tschö Opa, ich geh runter zum Zaun, wir sehen uns dann nach dem Spiel."

Unten am Zaun von Block P, direkt am Spielfeldrand, standen die Leute, bei denen das mit dem Verlieben in den Fußball viele Jahre früher passiert war als bei mir. Sie beleidigten je nach Spielstand die eigenen oder die gegnerischen Spieler, tranken Bier und sangen laut Lieder, die sich teilweise sogar ein bisschen gereimt haben. Ich konnte viel von ihnen lernen.

Am besten gefiel mir aber, wenn Uerdingen ein Tor schoss. Dann kamen die Spieler oft jubelnd direkt zu uns an den Zaun und ließen sich feiern, auch von mir. In einem Jahr schoss Markus Feldhoff so viele Tore, dass ich mich wunderte, warum der beste Stürmer der Welt ausgerechnet in der dritten Liga für Uerdingen spielte. Dass es einen Besseren gab, hielt ich für ausgeschlossen – und mein Großvater auch. Nach einem 2:1-Sieg gegen Rot-Weiss Essen sagte ich zu ihm, dass ich glaube, dass Uerdingen bald wieder aufsteige, so gut seien die.

„Schauen wir mal", sagte er.

Ein paar Monate später meldete der Verein Insolvenz an, stieg ab und pendelte fortan, begleitet von regelmäßigen Skandalen, zwischen vierter und sechster Liga. Ich ging immer noch hin, von meinem eigenen Taschengeld finanziert und ohne meinen Großvater. Der Verein war inzwischen so weit abgestiegen, dass man zu den Auswärtsspielen teilweise mit dem Fahrrad anreisen konnte. Aber nicht mehr hingehen?

Aus der Vereinsgeschichte lernen, heißt, Wunder niemals auszuschließen. Ich glaube, in der Zeit regnete es bei jedem Spiel.
Die Namen der Gegner klangen teilweise so, als hätte man sie sich ausgedacht: Wülfrath, Cronenberg, Nettetal, Viersen, Kapellen-Erft, Dornberg, Baumberg, Schlotzental, Hönnepel-Niedermörmter, Rhede, Goch und Hiesfeld, zum Beispiel.

Und nur einen davon gibt es nicht, ich schwöre auf Markus Feldhoff. Hönnepel-Niedermörmter ist es übrigens nicht, gegen die habe ich Uerdingen mal mit 1:2 verlieren gesehen.
„Eines Tages wird's geschehen, ja, da fahren wir nach Mailand, nur um Uerdingen zu sehen", ist in dieser Zeit ein am Zaun gern gesungener Fangesang. Trotzig, stolz und auch irgendwie traurig, wenn man ihn singt und dann mit 1:3 bei Straelen II verliert.

Irgendwann kam dann jemand mit viel Geld. Der Verein stieg zweimal hintereinander auf, ich war wieder häufiger vor Glück besoffen anstatt vom Alkohol, und dann war es so weit: In der Saison 2019/20 nahm Uerdingen zum ersten Mal seit 2001 wieder am DFB-Pokal teil. Erste Runde gegen: Borussia Dortmund. Ich fragte meinen inzwischen 86-jährigen Großvater, ob er mit mir hingehen wolle.
„Die verlieren doch eh", sagte er.
„Darum geht's doch gar nicht", sagte ich.
„Na gut", antwortete er.
Ich bestand darauf, dass ich die Tickets dieses Mal bezahlte. Wir saßen direkt über dem Spielertunnel, Opa trug einen blau-roten Schal und ich auch.
„Möchtest du was trinken?", fragte ich.

„Ja, ein Bier, bitte."

Und dann hat Uerdingen knapp und unglücklich verloren. Opa, leicht angetrunken, trug ein seliges Lächeln im Gesicht, als er in der zweiten Halbzeit gefühlt mehr staunend dem Singen und Treiben auf den Rängen zu folgen schien als dem Spiel, so als wäre er ein zehnjähriger Junge, der das erste Mal live im Stadion war.

„Fußball ist schon toll", sagte Opa.

„Finde ich auch", sagte ich.

DFB-Pokal – Achtelfinale: Mittwoch, 12.12.2001, 19:00 Uhr Uerdingen - 1. FC Köln i.E. 3:5, n.V. 1:1 (1:1/0:0)

KFC Uerdingen: Peiser, Puschmann, Vriesde, Koenen, Schmugge, Maaß, Eraslan (46. Zé Luis), Sauerland, Evers (69. Rodriguez), Abdulai (76. Fiore), Emerson

1. FC Köln: Pröll, Zellweger, Cichon, R. Song, J. Keller - Dziwior (98. Ouedraogo), Cullmann, Lottner, Kreuz, Scherz (81. Donkov), Kurth (114. Baranek)

Tore: 0:1 Kurth (60.), 1:1 Rodriguez (72.)
Schiedsrichter: Kircher (Hirschau)
Zuschauer: 20.112

DFB-Pokal – 1. Runde: 9.8.2019, 20:45 Uhr Uerdingen - Borussia Dortmund 0:2 (0:0)

KFC Uerdingen: Königshofer – Großkreutz, Lukimya, Maxsö, Dorda, Mbom, Gündüz, Rodriguez, Barry (77. Bittroff), Evina (62. Guenouche), Osawe (58. Kinsombi)
Borussia Dortmund: Hitz – Piszczek, Akanji, Hummels, Schulz, Witsel, Weigl, Reus (79. Götze), Sancho (76. Hakimi), Hazard (88. Bruun Larsen), Paco Alcacer

Tore: 0:1 Reus (49.), 0:2 Paco Alcacer (70.)
Schiedsrichter: Stegemann (Niederkassel)
Zuschauer: 32.110

*Der Frechdachs **Johannes Floehr** ist genau sein Humor. Und den präsentiert er regelmäßig auf Bühnen, im Internet und im Fernsehen. Von der Elbphilharmonie in Hamburg bis zum Café Max & Moritz in Krefeld-Fischeln hat er schon so einiges gesehen, zum Beispiel auch Paris. Dadaistisch und albern darf es bei der Kunst des kessen Zwei-Meter-Manns gerne werden und lustig; gerne kreiert er sogenannte „Magic Moments“. In seinen Texten widmet er sich Themen, um die es dann geht. Seine bisherigen Bücher „Buch“ (2018), „Dialoge“ (2019), „Abendkasse“ (2021) und „Buch 2“ (2022) erreichten teilweise Kultstatus bei ihm. Mit seinen Witzen und seiner teilweise unerreichten Grazie gewann er bislang unter anderem den Hamburger Comedy-Pokal, den Heinrich-Heine-Jugendliteraturpreis, die Klassensprecherwahl in der fünften Klasse sowie den Poetry Slam in Wülfrath. Die Spaßlegende Helge Schneider sagte einmal: „Er ist eine große Inspiration für mich!“ Womit er wohl jemand anderen meinte als Johannes Floehr, aber das macht ja nichts.*

Historische Stätten

der Seidenweberei

Von den Seidenwebern wird in diesem Buch öfter gesprochen. Kein Wunder, hatte die Seidenweberei doch einen sehr großen Einfluss auf die Geschichte und Geschicke der Stadt.

So wundert es nicht, dass Johannes Stiegmann 1911, noch vor der Zeit der Industrialisierung der Weberei, eine Bronzestatue schaffte, die noch heut zum festen Stadtbild er Stadt Krefeld gehört. Das Bildnis zeigt einen Seidenweber um 1900, einer Zeit, in der Webstühle noch von Hand betrieben wurden.

Die Bronzestatue, von den Krefeldern liebevoll *Meister Ponzelar* genannt, steht in Krefeld am Südwall – Ecke Ostwall.

Das *Haus der Seidenkultur* erinnert noch heute an diese handwerklich geprägte Zeit. Das Museum ist ein Industriedenkmal an der Luisenstraße 14 in Krefeld. Bis vor rund 30 Jahren wurde hier noch gearbeitet. Es wurden in der Paramentenweberei Hubert Gotzes seit 1908 Textilien aus italienischen und chinesischen Seidengarnen für die katholische Kirche gewebt. Der Gründer erlebte die Hochzeit seiner Firma jedoch nicht mehr, er starb bereits 1916.

Zunächst übernahmen zwei seiner Söhne, Josef und Jakob, die Leitung der Firma, bevor ihr Bruder Matthias Chef der Weberei wurde. Sein früher Tod 1936 führte dazu, dass seine Frau die Leitung übernahm. Die adoptierte schließlich ihren Neffen Erwin Maus, weil sie und ihr Mann keine eigenen Kinder hatten, bildete ihn aus und hinterließ ihm nach ihrem Tod die Firma.

Nachdem Ende der Achtzigerjahre der letzte Weber verstarb, stellte Maus den Betrieb 1992 ein – die Geburtsstunde des heutigen Museums, das mit Führungen und Vorführung die Erinnerungen an das traditionsträchtige heimische Gewerbe aufrecht und für nachfolgende Generationen erhalten möchte.

Eine Brieffreundschaft

Als ich zufällig in der Zeitung von der Ausschreibung zum Stadtjubiläum Krefeld las, kam mir eine Erinnerung in den Sinn, die wohl schon mehr als 45 Jahre zurückliegt.

Es war Mitte der Siebzigerjahre, ich etwa 13 oder 14 Jahre alt, ein Teenager mit Flausen im Kopf und Abenteuern im Herzen. In einer Zeitschrift, die wir von der Schule her abonnieren konnten, ich meine, sie hieß *Der Tierfreund* oder ähnlich, gab es immer eine Rubrik *Brieffreunde gesucht*. Ja, damals pflege man noch Brieffreundschaften, ob es das heute unter Jugendlichen noch gibt, glaube ich nicht.

In einer dieser Anzeigen suchte damals ein Junge aus Krefeld, der etwa in meinem Alter war, eine Brieffreundin. Ich fasste allen Mut zusammen und schrieb ihm. Tatsächlich erhielt ich etwa zwei oder drei Wochen später eine Antwort von ihm. Eine kritzelige Handschrift, blaues Briefpapier, daran erinnere ich mich noch.

In den folgenden Wochen und Monaten tauschten wir immer wieder Briefe aus. Über Alltäglichkeiten, nichts Besonderes. Aber ich freute mich immer, wenn ich wieder einmal eine Antwort auf einen meiner Briefe von dem Jungen erhielt.

Dann kamen die Sommerferien und in uns keimte die Idee auf, uns doch einmal persönlich kennenzulernen. Also beschlossen wir per Brief, dass ich ihn in Krefeld besuchen sollte. Es kostete in der Zeit noch ziemlich viel Überredungskraft, meine Eltern davon zu überzeugen, alleine und mit dem Zug nach Krefeld fahren zu dürfen. Schließlich aber gelang es mir, sie zu überreden. Alleine durfte ich allerdings nicht fahren, eine Freundin musste mit, doch die war schnell gefunden – und auch ihre Eltern hatten gegen einen solchen eintägigen Ausflug nichts einzuwenden.

Als alles klar war, telefonierte ich mit dem Jungen – das erste und einzige Mal, denn schließlich war das ein Ferngespräch, ich lebte damals in Hamm, und das Telefonieren mit dem grünen, schnurgebundenen Apparat war teuer. So sagte ich ihm nur ganz schnell, wann mein Zug ankommen würde, und fragte ihn, ob er mich und meine Freundin Sabine am Bahnhof abholen würde. Er stimmte zu. Der Termin für unser Treffen stand.

Acht Tage später sollte es so weit sein. Sabine und ich kauften unsere Fahrkarten, damals noch am Bahnhofschalter, für Hin- und Rückfahrt und stiegen in den Zug ein, der uns nach Krefeld bringen sollte. Ich weiß noch, dass ich mächtig aufgeregt war, mit einem großen Grumbeln im Bauch. Ob das von dem bevorstehenden Treffen oder aber von der ersten Zugfahrt alleine war, weiß ich heute leider nicht mehr. Wahrscheinlich spielte beides irgendwo eine Rolle.

In Krefeld angekommen, holte mich der Junge zusammen mit einem Freund am Bahnhof ab. An das Treffen selbst erinnere ich mich kaum, weiß aber noch, dass es uns wirklich schwerfiel, ein Gespräch in Gang zu bringen. Manchmal ist es eben einfacher, Dinge auf Papier zu schreiben, als jemanden persönlich anzusprechen. Und das, obwohl wir doch eigentlich eine Menge voneinander wussten durch unsere Briefe. Ich erinnere mich aber noch daran, dass wir gemeinsam am Rhein spazieren gingen und Sabine und ich am frühen Abend den Zug zurück nach Hamm nahmen.

Den Namen des Jungen habe ich im Laufe der Jahrzehnte leider vergessen und auch die Briefe sind längst verloren gegangen. Schade ... Jugenderinnerungen sind doch manchmal etwas Schönes, vor allen Dingen dann, wenn man älter wird.

Ach ja, und ich sollte vielleicht noch ergänzen, dass ich den Jungen nie wiedergesehen habe ... und dass wir nach diesem Treffen nie wieder Briefe ausgetauscht haben ...

Lieber Krefelder Brieffreund, solltest du das hier zufällig lesen, ich habe dich trotzdem nicht vergessen ...

Martina Schmidt, *Jahrgang 1963, geboren in Hamm, heute in Baden-Württemberg lebend.*

Spezialhaus für Möbel Transport

Ewald van Gemmern
Krefeld

Blick ins Fotoalbum

Marianne Plenker aus Krefeld hat ihr Fotoalbum geöffnet. Die Bilder zeigen die Gebäude gegenüber dem Bahndamm auf dem Deutschen Ring ab Hausnummer 3 von der Kölner Straße bis zur Ecke Gladbacher Straße. Heute steht dort das großzügig gebaute Hansa-Zentrum.

Ihre Großeltern Ewald und Maria Van Gemmern waren dort ansässig und hatten dort eine große Möbeltransport-Spedition. Bis in die Zwanzigerjahre des 20. Jahrhunderts mit Pferde-Fuhrwerken, dann nach und nach motorisiert.

Der große Innentrakt war bebaut mit Wohnhaus (mit einer großen Wirtschaftsküche), mit Bürotrakt, den Pferdeställen mit darüber liegenden Zimmern für das Personal, das auch beköstigt wurde. Dann gab es noch Lagerhallen und es war noch viel Platz für die Fahrzeuge, unter anderen eine Kutsche und ein1 Gig, womit die Großeltern dann in den Forstwald, wo sie ein Sommerhaus hatten, kutschierten.

Für die Kinder war das Spielen in den Ställen immer voller Abenteuer.

Möbeltransport
E. v. Gemmern
KREFELD
Specialhaus für Möbeltransport
Ewald van Gemmern
Tel. 4817
Krefeld

Eine Hommage an die Heimatstadt Krefeld an Niederrhein

Da gab es verschiedene Ansichten ...

Der Baron Chevalier Ladoucett hielt Krefeld für die schönste Stadt am Ufer des Rheins. Fritz Huhnen meinte: „Et jibt Jute, Böse und Krefelder", – und alle haben irgendwie recht.

Du bist so grün ...

Hast 100.000 Bäume
Und 27.000 Straßenbäume
Hunderte Alleen
Tolle Parkanlagen
Wie der Stadtwald
Mit Rennbahn und Stadtwaldhaus
Der Uerdinger Stadtpark
Der Fischelner Stadtpark
Schönhausenpark
Sollbrückenpark
Die Schlösser der Seidenbarone
Die kleinen Parkanlagen
Kaiserpark
Stadtgarten
Kaiser-Friedrich Hain
Greifenhorstpark

Niemand muss lange fahren, um ins Grüne zu gelangen. Wer es hügelig mag, wandert auf dem Hülser Berg. Wer Wasser liebt, spaziert auf dem Uerdinger Rheindamm oder besucht Holthausens Kull, das Freibad Neptun oder den Elfrather See (Bild unten).

Wem das nicht reicht, der fährt nach Linn mit seiner Burg und seinen Museen. Viele Aktivitäten gibt es drumherum: Flachsmarkt, Jazz an einem Sommerabend, Klassikkonzerte im Rittersaal.

Es gibt eine große Bandbreite an kulturellen Angeboten ...

Der eine geht ins Stadttheater, der andere ins TAM oder ins Theater hinten links. KWM und Museen Esters und Lange sind weltbekannt für ihre avantgardistische Kunst. Das Haus der Sei-

denkultur lässt Krefeld als Stadt wie Samt und Seide aufleben. Die Mediothek versorgt Interessierte mit Büchern und Medien. Im Literaturhaus kann man seine Verse schmieden, in der VHS sich weiterbilden.

Wer es sportlich mag, findet Hunderte Vereine und Freude an KEV und KFC, auch wenn die nicht immer vorne dabei sind.

Musikfans finden offene Ohren im Jazzkeller, in der Kufa und in der Kulturrampe bei Rock, Blues und Modern Jazz. Der andere genießt Klassik bei den niederrheinischen Symphonikern oder bei den Marktkonzerten in der Dio-Kirche. Bekannte Musikgrößen hört man in der Yalya Arena oder im Seidenweberhaus.

Mundartfans lauschen den Dönekes von den Pappköpp und den Krähen. Kabarett gibt es mit Volker Diefes, Krimis mit Ina Coelen.

Kulinarisch ist die halbe Welt vertreten, dazu noch drei Hausbrauereien – Gleumes, Wienges, Schlüffken – mit niederrheinischem Altbier. Die Nachkatzen holen sich Sieeknügel und Grillagetorte bei Heinemann, die Biertrinker Flönz und Reibekuchen. Und dann die Lage! Nach Düsseldorf 20 Kilometer, nach Köln 50 Kilometer. An die Nordsee nach Domburg 220 Kilometer. Ringsherum Autobahnanschlüsse, Straßenbahnen in alle Vororte und bis nach Düsseldorf. Vom Hauptbahnhof kommt man einmal am Tag direkt nach Berlin, vom Uerdinger Rheinufer direkt auf Flusskreuzfahrtschiffe. Und wer aus dem Urlaub nach Hause kommt und von Ferne den Turm der Dio-Kirche sieht, hat sofort Heimatgefühle.

Kibbeling und Bitterballen besorgt man sich in der Partnerstadt Venlo. Frische Eier von fahrbaren Hühnerhotels beim bauern seines Vertrauens.

Krefeld gestern und heute – historische Altstadt Krefeld-Linn versus Krefeld-Uerdingen mit Chemiepark und Burg Linn.

Neben den offiziellen Gremien wie Stadtrat und Bezirksvertretungen leisten sich die Krefelder zahlreiche Bürgervereine. Wer mit Parteipolitik nichts zu tun haben will, engagiert sich da für seinen Stadtteil.

Es gibt noch andere, die mit ihrem Engagement Krefeld aufwerten:

Das Bügeleisen – saniert vom Uerdinger Heimatbund.
Das Kaiserbad – durch den Verein Freischwimmer mit Leben erfüllt.
Die alte Bockumer Feuerwehr fest in der Hand der Prinzengarde.
Die Scheutensche Bibliothek im Moltkegymnasium von Lehrer Manfred Wüst betreut.
Die Hülser Heimatstuben vom Heimatverein auf Vordermann gebracht.
Der Uerdinger Bahnhof von den Spielfreunden saniert.
Das Klöske von den Schlaraffen für ihre Sippungen genutzt.
Der historische Feuerlöschzug Linn gepflegt vom Linner Schützenverein.

Ja, liebe Bedenkenträger, Besserwisser und Dauernörgler. Ihr habt recht, die Medaille hat auch eine Rückseite.

Wir kennen die Löcher in den Straßen, die unfreiwilligen 30-Kilometer-Zonen. Den Dreck in der Innenstadt, die Drogenszene.

Schlechte Radwege, Dauerbaustellen, lange Wartezeiten bei der Stadt.

Die Liste dessen, was man noch verbessern kann, ist lang.

Das ist aber kein Grund, das, was gut ist, kleinzureden. Nichts ist perfekt, alles ist in Bewegung. Und über kleine Fortschritte sollte man sich freuen.

Der Spruch *Freude sind Leute, die man mag, obwohl man sie kennt,* gilt auch für die Heimatstadt. Wir kennen ihre Schwächen, werden aber ihre Stärken nicht vergessen.

Ulrich Pudelko *ist seit vielen Jahren für die VHS und das Stadtmarketing in Krefeld als Stadtführer unterwegs, macht Führungen zu Fuß, mit dem Bus und mit dem Fahrrad.*

Historische Drehbrücke

Im Stadtteil Uerdingen findet man im Hafen das nächste technische Denkmal der Stadt Krefeld: die Drehbrücke. Erbaut im Jahr 1905, ist sie inzwischen weit mehr als ein Jahrhundert alt, immer noch in Betrieb und wird täglich von unzähligen Lkw befahren.

Sie verbindet noch heute den Stadtteil Linn mit der Landzunge zwischen dem Rheinhafen Linn und dem Rheinufer. Sie ist eines der Wahrzeichen der Stadt.

Mein Vater ... und ich

Erzählungen, Erinnerungen und Gedichte

Im Band „Meine Mutter ... und ich" haben wir Erinnerungen an unsere Mütter gepflegt oder „Danke" gesagt, das möchten wir nun auch allen Vätern zuteilwerden lassen. Auch das Anthologieprojekt „Mein Vater ... und ich – Erzählungen, Erinnerungen und Gedichte" lädt dazu ein, sich mit der Vater-Kind-Beziehung auseinanderzusetzen. Liebevoll oder kritisch, so wie eben die Beziehung ist oder war.

Das Buch ist ein tolles Geschenk zum Vatertag, aber auch zu vielen anderen Gelegenheiten. Und es bietet die Möglichkeit, noch nie Gesagtes aufzuschreiben. Der Band erscheint im April 2024.

Einsendeschluss ist der 31. März 2024

Unser Buchtipp

Kreatives Schreiben für Kinder

ISBN: 978-3-99051-165-7
ISBN: 978-3-99051-167-1

In den vorliegenden Arbeitsbüchern „Kreatives Schreiben - Religion" und „Kreatives Schreiben - Märchen" geht es darum, Kinder und Jugendliche zum Schreiben zu motivieren. Denn die Lese- und Schreibkompetenz ist die wichtigste Kompetenz, um Wissen zu erlangen, egal, in welchem Bereich man Wissen erwerben möchte.

Kreatives Schreiben spornt darüber hinaus die eigene Fantasie an, etwas, das in einer Zeit von Internet und Spielekonsole leider nur allzu oft verlorenen geht. Den ersten Schritt zu machen, einen „Schreibgrund" zu finden, eine kleine Anleitung für die ersten Geschichten zu erhalten, das ist es, was wir mit diesen ersten Büchern der Reihe „Kreatives Schreiben für Kinder" bewirken möchten.

Deshalb geben wir Kindern Bilder, Erzählanfänge, Sätze und Wörter an die Hand, an denen sie sich orientieren können bei ihren ersten eigenen Geschichten.

Jedes Buch hat 62 Seiten und kann über den Verlag und den Buchhandel bestellt werden. Autorin ist Nanja Holland.

Printed in Poland
by Amazon Fulfillment
Poland Sp. z o.o., Wrocław

67825622R00028